AF494315

1869 (Décembre 6)
Decamps. Otto-Weber

CATALOGUE

DE BONS

TABLEAUX

DE L'ECOLE MODERNE

TABLEAUX ANCIENS

Des diverses Écoles

PARMI LESQUELS

DEUX ŒUVRES PAR F. GOYA

Ayant fait partie de la Collection de Salamanca

OBJETS D'ART ET DE CURIOSITÉ

APPARTENANT EN GRANDE PARTIE

A M. le Marquis d'Is***

DONT LA VENTE AUX ENCHÈRES PUBLIQUES AURA LIEU

HOTEL DES VENTES, RUE DROUOT

SALLE N° 8

Le Lundi 6 Décembre 1869

A DEUX HEURES TRÈS-PRÉCISES

Par le ministère de Me **CHARLES PILLET,** Commissaire-Priseur,
rue de la Grange-Batelière, 10,
Assisté de M. **FEBVRE,** Expert, rue Saint-Georges, 14,
CHEZ LESQUELS ON DÉLIVRE LE CATALOGUE

EXPOSITION PUBLIQUE

Le Dimanche 5 Décembre 1869, de une heure à cinq heures

PARIS — 1869

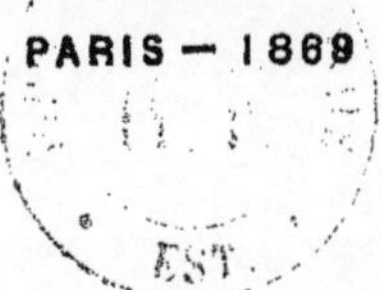

RENOU ET MAULDE

IMPRIMEURS DE LA COMPAGNIE DES COMMISSAIRES-PRISEUR

Rue de Rivoli, 144

CATALOGUE

DE BONS

TABLEAUX

DE L'ECOLE MODERNE

TABLEAUX ANCIENS

Des diverses Écoles

PARMI LESQUELS

DEUX ŒUVRES PAR F. GOYA

Ayant fait partie de la Collection de Salamanca

OBJETS D'ART ET DE CURIOSITÉ

APPARTENANT EN GRANDE PARTIE

A M. le Marquis d'Is***

DONT LA VENTE AUX ENCHÈRES PUBLIQUES AURA LIEU

HOTEL DES VENTES, RUE DROUOT

SALLE N° 8

Le Lundi 6 Décembre 1869

A DEUX HEURES TRÈS-PRÉCISES

Par le ministère de Me **CHARLES PILLET**, Commissaire-Priseur,
rue de la Grange-Batelière, 10,
Assisté de M. **FEBVRE**, Expert, rue Saint-Georges, 14,
CHEZ LESQUELS ON DÉLIVRE LE CATALOGUE

EXPOSITION PUBLIQUE

Le Dimanche 5 Décembre 1869, de une heure à cinq heures

PARIS — 1869

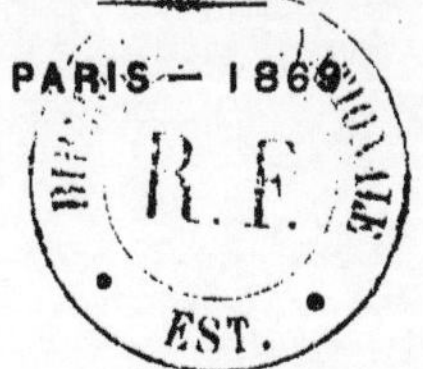

CONDITIONS DE LA VENTE

Elle sera faite au comptant.

Les Acquéreurs paieront, en sus des adjudications, CINQ POUR CENT.

L'Exposition mettant le public à même de se rendre compte de l'état des Objets, il ne sera admis aucune réclamation une fois l'adjudication prononcée.

DÉSIGNATION

ÉMAUX CLOISONNÉS DE LA CHINE

1 — Deux très-beaux Vases en émail cloisonné de la Chine, riche décor de marguerites, de frises et de papillons sur fond turquoise. Anses émaillées gros-bleu.

2 — Deux Vasques en émail cloisonné de la Chine, décorées de cartouches, de fleurs, de rinceaux et autres ornements en émaux de couleurs sur fond turquoise.

3 — Deux superbes Vases à quatre pans en émail cloisonné de la Chine. Sur chaque panneau sont des sujets différents, des volières, des parcs avec des animaux sauvages et des bouquets de fleurs; ceintures de frises en haut et en bas.

MATIÈRES DURES

4 — Très-beau Groupe en agate, partie rouge et partie blanche. Ce groupe représente un professeur donnant une leçon à deux élèves; près d'eux est une biche accroupie et un arbre.

5 — Grand Vase en cristal de roche, à six pans, orné de gravures. Les anses, sculptées à jour, offrent des dragons enroulés ; pied en bois de fer.

6 — Petit Vase en cornaline rouge. Sur la panse sont des ornements gravés; le couvercle est surmonté d'une chimère accroupie.

7 — Coupe et son couvercle en lapis lazuli ; elle est de forme ronde. Sur la panse sont des ornements en relief ; anses formées par des têtes de tigres.

8 — Petite Coupe en jade. Anses, très-finement sculptées à jour, formant des tiges de paquerettes.

BRONZES D'ART

9 — Très-beau Bronze florentin du XVIe siècle, statuette de Goliath. Très-belle pièce.

10 — La déesse Isis debout tenant le Schent. Belle statuette égyptienne antique.

11 — Écritoire ayant la fòrme d'un crabe. Bronze florentin du XVIe siècle.

12 — Bronze florentin du XVIe siècle : Faune marchant.

13 — Autre Bronze de la même époque : Bacchus debout.

BRONZES DORÉS

14 — Jolie petite Pendule Louis XV en bronze doré. Près du mouvement, est un Amour soutenant un médaillon : le portrait de Henri IV.

15 — Deux très-beaux Feux de l'époque de Louis XIV; vases sur des socles.

16 — Deux Flambeaux Louis XVI en bronze doré.

16 *bis*. — Deux très-beaux Feux Louis XV: Enfants sur des terrasses. Rocaille.

PORCELAINE DE LA CHINE

17 — Deux très-beaux Cornets en ancienne porcelaine de la Chine, riche décor de la famille verte, avec médaillons de paysages et d'animaux chimériques. Belle monture en bronze doré.

18 — Vase en porcelaine de la Chine bleu turquoise, décor gauffré sous émail. Monture en bronze doré.

19 — Trois Vases en ancienne porcelaine de Chine, ornés chacun de quatre médaillons à personnages chinois, émaillés en couleurs, avec encadrements en rouge de cuivre et imbrications d'or.

20 — Deux Perroquets en ancienne porcelaine de la Chine, montés sur socles en bronze doré. Bonnes pièces.

OBJETS DIVERS

21 — Très-beau Meuble de salon de l'époque de Louis XVI, les bois dorés, et très-finement sculptés. Ce meuble qui se compose d'un canapé, d'une bergère et de quatre fauteuils, est couvert en damas rouge broché de blanc.

22 — Portrait en argent, en buste, de François II, roi de France, dans un encadrement très-finement ciselé. Style Renaissance.

23 — Couverture de livre du XVIe siècle en argent, avec ornements filigranés et émaillés.

24 — Bas-relief en bois sculpté, représentant saint Étienne lapidé.

25 — Plusieurs Bas-reliefs en argent, représentant une Vierge, des sujets religieux et des bustes d'apôtres. Ces pièces proviennent d'un antiphonaire.

26 — Tabatière en émail de Saxe, ayant la forme d'un œuf.

27 — Plusieurs épées dont une avec pommeau en fer ciselé, représentant un combat de guerriers.

28 — Petit Buste de bacchante. Bronze d'après Clodion.

29 — Plaque ronde en faïence de Castelli, représentant un port de mer italien.

TABLEAUX MODERNES

ADAM (François)

30 — Cheval anglais.

BAKALOWICZ (Ladislas)

31 — La Partie d'échecs.

LE MÊME

32 — Le Souvenir.

BARON (Stéphan)

33 — Invitation à la danse.

BOSSUET (F.)

34 — Ruines de Ronda (Espagne).

BOURGES (Mlle Léonide)

35 — Chemin vert, à Villiers-le-Bal.

BROWN (J.-L.)

36 — Le Départ pour la chasse.

CASTAN (Édouard)

37 — La Poupée.

CHAIGNEAU (Ferdinand)

38 — Moutons à la ferme.

COOPER

39 — Un Cheval de ferme.

COROT (Jean-Baptiste)

40 — Paysage; matinée.

CURZON (de)

41 — Le Temple de Cæstum; effet du soir.

DARU (Mlle)

42 — Groupe de fleurs.

DECAMPS (Alexandre-Joseph)

43 — La Chasse au furet.

DREUX (Alfred de)

44 — Rendez-vous de chasse.

DELACROIX (Eugène)

45 — Paysage. (Champ-Rosay).

DESHAYES (Eugène)

46 — Hangar de ferme.

DUBASTY (A.-H.)

47 — L'Attente.

DUPRE (Jules)

48 — Le Pêcheur.

LE MÊME

49 — Paysage; automne.

ESCOSURA (Léon-Y.

50 — La Lecture du roman.

FAUVELET (Jean)

51 — Indiscrétion.

LE MÊME

52 — Le Lacet.

FICHEL (E. 1858)

53 — Vieillard lisant.

LE MÊME

54 — Jeune homme assis fumant. Dessin.

FROMENTIN (Eugène)

55 — Cavaliers arabes se rendant au combat.

GAUME (Henry)

56 — L'Éventail.

GAVARNI

57 — Oh! hé! qui qu'a perdu son viau? Aquarelle.

GISBERT (A.)

58 — Noble vénitien jouant de la mandoline.

GOUPIL (Léon)

59 — Anna Bolegna.

ISABEY (Eugène)

60 — Marée basse; site normand.

LE MÊME

61 — Le Laboratoire de l'alchimiste.

LE MÊME

62 — Bateaux pêcheurs quittant les côtes de Dunkerque.

JACQUE (Charles)

63 — Coq et Poules.

LEICKERT

64 — Vieille porte à Arnheim.

MONFALLET (Adolphe)

65 — La Leçon de musique.

PÉCRUS (Charles)

66 — La Leçon de dessin.

REYNART (Édouard)

67 — Héron sur le bord d'une rivière.

ROQUEPLAN (Camille)

68 — Jeune Paysanne béarnaise.

ROUSSEAU (Théodore)

69 — Coucher du soleil.

ROYBET (Ferdinand)

70 — Les Pages indiscrets.

RUIPEREZ (L.)

71 — La Présentation; intéricur.

LE MÊME

72 — La Leçon de chant.

TROYON (C.)

73 — Le Pêcheur.

VALLON (Antoine)

74 — Pommes et Raisins.

VEYRASSAT

75 — Chevaux de halage sur le bord d'une rivière. Aquarelle.

WEBBER (Otto)

76 — Pâturage au bord de la Seine; effet du soir. 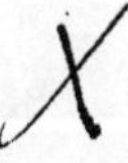

WILLEMS (Florent)

77 — Le Rendez-vous.

LE MÊME

78 — Jeune Fille lisant.

TABLEAUX ANCIENS

ANTONINEZ DE SARABIA

79 — Le Miracle des roses.

BALEN (Van) et BREUGHEL

80 — Médaillon représentant la Vierge et Jésus, entouré d'une guirlande de fleurs.

CANALETTO (Genre de Canal)

81 — Vue du grand canal de Venise et du Palais des Doges.

DOW (D'après Gérard)

82 — Ménagère hollandaise à une croisée.

EYCK (École de Jean van)

83 — Triptyque, volet principal : la Vierge et Jésus; sur le volet de droite, un saint debout; sur celui de gauche, un autre saint et le donateur agenouillé.

GOYA (Francesco)

84 — Portrait du petit-fils du peintre.

Debout, représenté en pied, de grandeur naturelle, tourné vers la gauche; la main droite gantée, en partie cachée dans son gilet; la main gauche étendue, tient une canne et un chapeau claqué; ses cheveux blonds bouclés retombent négligemment sur le front; ses yeux bruns donnent à sa physionomie un cachet spirituel.

Il porte un habit gorge de pigeon, un gilet à grands revers et des bottes à la hongroise.

Près de lui est un chien griffon blanc. (*Vente Salamanca, n° 175 du Catalogue.*)

85 — Portrait en pied de la femme du petit-fils de Goya. Pendant du précédent numéro.

Brune, aux traits vifs et sommeillant, elle est debout, la tête tournée vers la gauche, vêtue d'une robe décolletée, de couleur fauve; un fichu de dentelle couvre sa poitrine; sur sa tête est posée une mantille de mousseline brochée, dont les bouts retombent jusqu'aux genoux; elle tient un gant de sa main gauche qui pend le long du corps; son bras droit est recouvert d'un gant long; dans la main est un éventail.

(Provient de la Vente de Goya et aussi de celle de Salamanca, n° 175 du Catalogue.)

86 — Portrait en buste d'une jeune dame.

87 — Portrait en buste d'un jeune homme.

GREVENBROECK (Horace)

88 — Combat naval.

GUERCINO (Barbieri)

89 — Jeune homme enveloppé d'un manteau, représenté en buste.

JOUVENET (Jean)

90 — Portrait d'un officier supérieur sous le Régent.

MAAS DYRCK

91 — Chasseurs au repos dans une campagne.

MIGNARD (École de Pierre)

92 — Portrait en buste d'une jeune abbesse.

MORALES (Attribué à il Divino)

93 — La Vierge embrassant le Christ mort.

MURILLO (Attribué à Esteban)

94 — Mater dolorosa.

OSTADE (Attribué à Isaac)

95 — École hollandaise; grande quantité de figures.

PORBUS (Pierre), le jeune

96 — Portrait en buste de Marie de Médicis, jeune.

RAPHAEL (D'après)

97 — Le Réveil de Jésus.

SERVANDONI (A.-G.)

98 — Port de mer italien.

TÉNIERS (David)

99 — Berger conduisant des moutons.

TÉNIERS (Attribué à David), le fils

100 — Pêcheurs retirant leurs filets, près l'entrée d'une ville.

VÉLASQUEZ (D'après DA SILVA)

101 — Portrait du roi Philippe IV d'Espagne.

102 — Portrait d'une princesse espagnole.

WOUVERMAN (Attribué à JEAN)

103 — Voyageurs dans une campagne italienne.

WOUVERMAN (D'après)

104 — Composition gravée par Moireau, sous le titre : l'Arrivée des chasseurs.

ECOLE DE BRUGES DU XVIe SIÈCLE

105 — Sainte intercédant auprès de Jésus pour les âmes du Purgatoire.

ÉCOLE FRANÇAISE

106 — Jeune dame de l'époque de Louis XV.

INCONNU

107 — Jésus présenté au peuple.

RIBERA (Signé G.)

108 — Sujet de l'Histoire ancienne. (Crayon.)

---

109 — Gravure à l'eau-forte : Jésus flagellé ; par Lucas de Leyde.

RENOU et MAULDE, imprimeurs de la Compagnie des Commissaires-Priseurs, rue de Rivoli, 144. 30347

www.ingramcontent.com/pod-product-compliance
Ingram Content Group UK Ltd.
Pitfield, Milton Keynes, MK11 3LW, UK
UKHW020539180726
13839UKWH00006B/2603

9 782329 538181